楽(たの)しく作(つく)って、おいしく食(た)べよ！

だいすき♥おやつ

阪下千恵(さかしたちえ)

これからおやつに、マフィンを焼(や)きまーす

もくじ

はじめに…………………………………… 3
お菓子をつくる前に……………………… 4

PART 1
お家でつくるとまた格別！
あこがれのおやつ

カステラいちごショートケーキ………… 10
フルーツサンドイッチ…………………… 13
フレンチトースト………………………… 15
トライフル………………………………… 18
ホットケーキ……………………………… 21
チョコバナナクレープ…………………… 24
アレンジ ブルーベリー／
　　　　いちご＆キャラメルシロップ……… 27
カスタードプリン………………………… 28

PART 2
アイスから本格チーズケーキまで
冷たいおやつ

クリーミーヨーグルト…………………… 32
サンデー…………………………………… 33
ゼリー3種………………………………… 34
マンゴーアイス…………………………… 36
フローズンヨーグルト…………………… 37
ミニレアチーズケーキ…………………… 38
アレンジ 大きなチーズケーキ………… 40

PART 3
お店やさんの味を簡単にアレンジ
和風のおやつ

包みいちご大福…………………………… 44
白玉あずき………………………………… 46
ミニどら焼き……………………………… 48
アレンジ カスタードミニどら焼き……… 50
あんみつ…………………………………… 51
みかんミルク寒天………………………… 53

PART 4
こんがり味とチョコ味を楽しんで！
焼き菓子とプレゼント菓子

ブルーベリークラフティ………………… 56
まんまるスイートポテト………………… 59
バナナケーキ……………………………… 62
デコマフィン……………………………… 65
アレンジ ブルーベリーマフィン………… 67
ミニチョコパイ…………………………… 68
チョコチップクッキー…………………… 70
ミニカップチョコ………………………… 73
マシュマロチョコバー…………………… 75

コラム

❶ 生クリームの泡立て方………………… 12
❷ カスタードクリームのつくり方……… 20
❸ お菓子づくりの小さなコツ…………… 42
❹ デコレーションでかわいさアップ！… 78
❺ ラッピングアイディア………………… 79

はじめに

自分でつくったおやつはとびっきりおいしい！　すぐにできちゃう簡単なものから、あこがれのスイーツまで、まずは好きなものからチャレンジしてみてね。上手にできたら、かわいく包んで、お友だちにもプレゼントしちゃおう！

お菓子づくりのコツは、ていねいに手順を守って、くり返し何度もつくること。最初は完璧にできなくても、それもまた手づくりの"あじ"なのです。気分はパティシエ！　さあ、さっそくつくりましょう。

★ お家の方へ ★

お料理よりも先に、お菓子づくりに興味を持つお子さんは多いですよね。我が家の娘たちも、お料理が好きになるきっかけは、バレンタインの友チョコづくりでした。おやつは心の栄養。大好きなおやつを自分でつくるのは、最高にワクワクする時間です。

この本では、子どもがひとりでもつくれるように、できるだけ手に入りやすい材料や家にある道具で、手順を減らしてつくっています。ポリ袋でつくるクッキーは、小さなお子さんでも簡単につくれて、片付けの手間が少ないので手軽です。とはいえ、最初は大人の手助けも必要です。包丁、ガス、電子レンジ、オーブン、オーブントースター、お湯などを扱うときは、年齢や経験に応じて手助けしたり、安全に調理できるよう見守ってあげてください。お家ならではの、できたておやつの味わいを、ぜひ親子で楽しんでくださいね。

阪下千恵

お菓子をつくる前に

ここを読んでから、お菓子づくりをはじめてね。

お菓子づくりの流れ

① メニューを決める
まず、つくりたいお菓子を決めます。決まったらそのお菓子のページを最後まで読んで、流れをつかんでおいて。

③ 材料と道具を出す
使うものを最初に全部出しておいて。使う道具や型を準備して、材料も用意してはかります。

② 身じたくをする
髪が長い人は結んだり、三角きんをつけます。そでがじゃまな場合は腕まくりして、エプロンをつけて手をきれいに洗います。

④ お菓子をつくる
下準備がある場合は、そこからスタート。それから生地をつくって焼いたり、冷やして固めたりします。

Cooking start!

マフィンが焼けたよ

温かいものは温かいうちに、冷たいものは冷たく食べて。お菓子はおやつとして食べる以外にも、デコレーションしてプレゼントにも。ラッピングして楽しんで。

デコレーションしたり！

ラッピングしたり！

基本の材料

バター
パンにぬったり、お料理に使う普通のバター（有塩や加塩）でOKです。この本では食塩不使用（無塩）は使っていません。

薄力粉
薄力粉は小麦粉の種類の1つで、お菓子づくりに使うのはおもにこれ。天ぷらなどの料理にも使うものです。

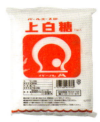

砂糖
この本では普通に料理に使う砂糖（上白糖）を使っています。仕上がりは少し違ってきますが、家にある砂糖でもOKです。

卵
この本のレシピで使う卵はMサイズのもの。卵は割ってそのまま使うときと、卵黄と卵白に分けて使うときがあります。

牛乳
牛乳は普通に飲んでいるものでOKです。ただし、低脂肪乳を使うと味が変わってしまうので、成分無調整のもので。

生クリーム
生クリームは、乳脂肪42％以上のもので。植物性油脂を加えたものもありますが、乳脂肪分が高いほうがおすすめ。

ベーキングパウダー
"ふくらし粉"とも呼ばれ、粉にまぜてお菓子をふっくらとふくらませる働きがあります。粉とよくまぜて使って。

粉ゼラチン／粉寒天
液体を固めるもので、ゼリーや寒天などをつくるときに使います。粉ゼラチンはやわらかく固まり、寒天は固まるとやわらかくも独特の歯ごたえがあります。

基本の道具

はかり（デジタルスケール） **計量カップ** **計量スプーン**

粉や液体などの材料をはかるときに使用。正確にはかるために必須です。

ボウル（大・小）

材料をまぜるとき、卵をときほぐすときなどに使います。水気や汚れがついていないきれいなものを。電子レンジにかけるときは、耐熱ガラスのもので。

泡立て器
生地をまぜたり、生クリームを泡立てたりするときに使います。

ゴムべら（大・小）
生地をまぜたり、すくったりします。熱いものにも使えるシリコン製を。

お菓子によって使うもの

オーブンシート
天板や型に敷いたりして、生地がつかないようにするときに使います。オーブンにかけられるもので。

バット
切った材料を並べたり、下準備に使用。陶器やホウロウ製なら型としても使えます。

金あみ（ケーキクーラー）
焼いたお菓子をのせて、冷ますときに使用。脚がついたものがおすすめです。

アルミホイル
型にかぶせたりするときは普通のものでOK。生地を入れて焼くとき（バナナケーキ62ページ）は"こげないタイプ"を使用して。

キッチンばさみ
袋を切ったり、型に合わせてオーブンシートを切ったりと、何かと活躍します。

お玉
できた生地を、型やフライパンに流し入れるときに使います。

竹ぐし
生地の焼き上がりチェックのときに使います。また、トッピングの細かい作業にも使えます。

材料をはかる

はかりで
重さをはかるときに使います。最初に器をのせておき、めもりを0にして、計量したいものを入れてはかります。

計量カップで
カップ1杯で200㎖。液体は真横から見て、液が平らなところではかります。粉類はふんわりと入れてはかって。

計量スプーンで
大さじ（15㎖）と小さじ（5㎖）があります。分量が少ない粉ものや液体をはかるときに使います。

小さじ　大さじ

粉もの
山盛りに入れ、スプーンの柄などですり切って平らにします。

液体
こぼれる寸前の、表面が少しふくらんでいるくらいが目安。

オーブン・オーブントースターの使い方

オーブンは予熱に時間がかかるので、生地ができたらすぐに焼けるように予熱を忘れずに。予熱するときは、天板は外に出しておいて。オーブントースターも軽く予熱しておいて。どちらも機種によってクセや特徴があるので、焼き時間は様子を見ながら加減して。

焼き上がったお菓子をとり出すときは、必ずミトンを使って！

電子レンジの使い方

この本では600Wでの加熱時間を記しています。500Wの場合は1.2倍、700Wの場合は0.8倍してください。電子レンジにかけるときの容器は、耐熱ボウルや陶器の器で。電子レンジにかけられるか、必ずおうちの人に確認してね。

＊オーブン、オーブントースター、電子レンジの使い方はおうちの人に聞いたり、取扱説明書を読んで確認し、正しく使いましょう。

フライパンで焼くとき

フライパンで焼くときは、つくり方にある火加減を参考にして。やけどをしないように安全に使いましょう。

弱火
炎の先が鍋の底にあたらないくらい

中火
炎の先が鍋の底にあたる

強火
炎の先が広がって鍋の底全体にあたっている

＊IHクッキングヒーターの場合は、ボタンで火加減を設定して。

この本の使い方

使う道具
つくる前に準備しておきましょう。

使う材料と分量
しっかり計量しておきましょう。

つくり方
手順を頭に入れておいて。

アイコン
けがや、やけどに注意したいときは「けが」「やけど」に気をつけて！のマークがついています。

使う型
このお菓子をつくるために使う型です。家にあるものでつくれるときは、それも紹介しています。

材料や型の補足説明
ポイントとなる材料についてや、型についてちょっとくわしく説明しています。

下準備
生地などをつくる前にやっておきたい作業をまとめました。お菓子づくりはここからスタート。

お菓子の完成写真
でき上がりの形などを確認して。

お菓子の名前

アドバイス
ほかの材料などを紹介しています。

PART 1

お家でつくるとまた格別！
あこがれのおやつ

いちごとクリームのケーキやホットケーキ、プリンなど、おなじみのお菓子。
ケーキはカステラを使い、プリンはフライパンで蒸し焼きになど、
手軽につくれるようにひと工夫！
できたてを食べられるのはお家でつくるから！

カステラいちご ショートケーキ

Strawberry short cake

憧れのいちごショートケーキも、スポンジケーキの代わりに、カステラを使えば手軽につくれます。生クリームは頑張って泡立てると、グ〜ンとおいしい。

あればアラザンを散らしてもかわいい！

材料（2人分）

- カステラ（市販）……2切れ
- いちご……4個
- 生クリーム……1/2カップ（100ml）
- 砂糖……小さじ2

使う道具

- 計量スプーン
- 計量カップ
- 包丁
- まな板
- ボウル
- 泡立て器
- スプーン

メモ　カステラ

カステラは 6×6.5cm、厚さ 3cm のものを使いました。厚みを半分に切るのがむずかしいときは、カステラ4切れでつくっても OK。

つくり方

切る

1
いちごは洗って水気をふき、へたを除く。飾り用に2個はそのままで、2個は縦に薄切りにする。

2
カステラは厚みを半分に切る。

生クリームを泡立てる

3
ボウルに生クリームと砂糖を入れて、泡立て器でやわらかめに泡立てる（12ページを見てね）。

仕上げる

4
カステラ2枚に生クリームをすくってのせて、スプーンで薄く広げる。

5
薄切りにしたいちごを並べる。

6
いちごの上に生クリームをすくってのせて、薄く広げる。

7
残りのカステラをのせて、手で軽く押さえ、上に生クリームをぬる。中心に生クリームを山になるようにのせる。

8
生クリームの上に、飾り用のいちごをのせる。

コラム 1

生クリームの泡立て方

市販のホイップクリームは手軽だけど、
生クリームから泡立てると口あたりなめらかで、おいしいよ！

材料（つくりやすい分量）

生クリーム ……… 1/2カップ（100mℓ）
砂糖 ……………………………… 小さじ2

1回に泡立てるなら、この量か、2倍までが泡立てやすいよ！生クリームは、直前まで冷蔵庫で冷やしておいて。砂糖の量は好みでふやしてもOK。

こんなお菓子に使えます

- カステラいちごショートケーキ（10ページ）
- フルーツサンドイッチ（13ページ）
- チョコバナナクレープ（24ページ）

つくり方

1 砂糖を加える

生クリームもボウルに入れて、砂糖を加える。

2 泡立てる

泡立て器をシャカシャカと手早く動かし、空気をふくませるように泡立てる。

3

筋がつくようになったら、泡立てるスピードをゆるめ、お菓子に合わせたかたさまで泡立てる。

泡立ての目安

やわらかめ
泡立て器を持ち上げると、とろとろと落ちて積もらずにすぐに消えるくらい。

かため
泡立て器を持ち上げると、とろとろと落ちてしばらくそのまま形が残るくらい。

＊ひとまぜごとにかたくなるので、様子を見ながらまぜて。

フルーツサンドイッチ

材料（2人分）

食パン（サンドイッチ用）
　　　　……6枚
ホイップクリーム（市販）
　　　　……1本（250g）
いちご……小8個
キウィ……1個

使う道具

- 包丁
- まな板
- ラップ

メモ　ホイップクリーム

泡立て済みのクリームで、ボトルなどに入っていてしぼり出して使います。生クリームを自分で泡立てても（12ページを見て）。

つくり方

フルーツを切る

1 いちごは洗って水気をふき、へたを除いて縦半分に切る（大きいものは3等分に）。キウィは皮をむき、縦半分に切って8mm厚さに切る。

サンドする

2 3枚のパンにホイップクリームをしぼる。上にいちご、キウィを並べる。

3 フルーツの上にホイップクリームをさらにしぼる。

4 残りのパンをそれぞれに重ねる。

5 パンの上から手で軽く押さえる。

切る

6 1組ずつラップで包み、冷蔵庫で30分以上冷やす。ラップをはずし、食べやすい大きさに切る。

フレンチトースト
French toast

甘い卵液をパンに吸わせて、
こんがりと焼いたものがフレンチトースト。
ふたをしてじっくり焼くのがポイントです。
ふわふわの焼きたてを食べよう。

いちごや
ブルーベリーなど
フルーツを
そえても

フレンチトースト

材料（2人分）

- 食パン（6枚切り）……………2枚
- **卵液**
  - 卵……………………………1個
  - 牛乳……………½カップ（100㎖）
  - 砂糖………………大さじ1〜1½
- バター…………1.5㎝大をひとかけ
- メープルシロップ…………好みの量

＊食パンは厚い4枚切りや5枚切りでも。

使う道具

- 計量スプーン
- 計量カップ
- 包丁
- まな板
- ボウル
- バット（深めのもの）
- フライパン
- フライ返し
- 菜ばし

メモ　メープルシロップ

仕上げにかけるとおいしい、かえでの樹液からつくるシロップ。マイルドな甘みが特徴。ほかに、はちみつやキャラメルシロップでも合います。

つくり方

切る

1 食パンは縦半分に切る。

卵液をつくる

2 まぜやすいようにボウルに、卵を割り入れ（右ページ下を見て）、牛乳、砂糖を加えて菜ばしでよくまぜる。

3 バットに ❷ を入れる。

つける

4 ❸ に食パンを並べ入れる。

重ならないようにね

5 5分ほどしたら、そっと上下を返す。

6 10分ほどして食パンが卵液を吸ったらOK。

焼く

 **7** フライパンを中火にかけて、バターを溶かす。

 **8** 食パンをフライ返しにのせてそっと並べる。

 **9** ふたをして、弱火で焼き色がつくまで焼く（2〜3分）。

 **10** フライ返しでそっと裏返し、ふたをして焼き色がつくまでさらに焼く（2〜3分）。器に盛り、好みでメープルシロップをかける。

朝ごはんに食べてもおいしいよ

卵の割り方

〈裏側〉

1 卵のまるい部分を平らな台に、2〜4回打ちつけて殻にひびを入れます。

2 容器の上で、ひびの部分に両親指をかけて割り、容器に落とします。

缶詰は好みのものでも。生のカットフルーツなどを使っても

トライフル
Trifle

トライフルはスポンジケーキに、
好みのクリーム、フルーツを盛り合わせたもの。
手軽にカステラでつくりましたが、
カスタードクリームは、ぜひ手づくりして。

材料(4人分)

- カステラ……………2〜3切れ
- 黄桃(缶詰 半割り)……3個
- 缶詰の汁……………適量
- 加糖プレーンヨーグルト
  (50〜80g入り)……1パック
  (または無糖プレーンヨーグルト 大さじ4+砂糖小さじ4)
- カスタードクリーム
  (20ページを見てね)
  ……………好みの量

使う道具

- 包丁
- まな板
- ボウルやバット
- スプーン

メモ カステラ

カステラは6×6.5cm、厚さ3cmのものを使いました。または市販のスポンジケーキを使っても。

つくり方

切る

1 カステラは1.5cm角に切る。

盛りつける

2 黄桃は汁気をきり、縦1cm幅に切る。缶詰の汁は使うのでとっておく。

3 グラスにカスタードクリームを少し入れ、カステラをのせる。

4 缶詰のシロップをスプーンの背でぬる。

5 カスタードクリームをのせる。

6 黄桃ものせ、もう1段、カステラをのせてシロップをぬり、カスタードクリームをのせ、なめらかにまぜたヨーグルトをかける。

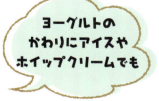

ヨーグルトのかわりにアイスやホイップクリームでも

コラム 2

カスタードクリームのつくり方

卵黄と牛乳がベースの、濃厚でなめらかなクリーム。
電子レンジを使えば手軽につくれます。パンにぬってもおいしいよ！

＊やわらかめにしたいときは、牛乳を¼カップ（50㎖）増やしてもOK。

材料（つくりやすい分量）

- 卵黄 ……………………… 2個分
- 砂糖 ……………………… 50g
- 薄力粉 …………………… 25g
- 牛乳 ……………… 1カップ（200㎖）
- バニラエッセンス ……… 2滴

バニラエッセンス

使う道具

- はかり
- 計量カップ
- ボウル
- 泡立て器
- バット
- ラップ

こんなお菓子に使えます

- トライフル（18ページ）
- チョコバナナクレープ（24ページ）
- カスタードミニどら焼き（50ページ）

電子レンジについては7ページを見てね

つくり方

材料をまぜる

1 耐熱ボウルに卵黄を入れ、砂糖、薄力粉の順に加え、そのたびに泡立て器でよくまぜる。

2 牛乳を少しずつ加えながら、しっかりとまぜる。

3 なめらかになるまでまぜる。

電子レンジにかける

4 ふんわりとラップをかけ、電子レンジ（600W）に1分ほどかける。

蒸気に注意
やけど

5 とり出してラップをはずし、泡立て器でしっかりまぜる。

6 再びラップをし、電子レンジに1分ほどかけ、同じようにとり出してまぜる。これをくり返し、合計3分～3分30秒加熱する。

7 生っぽいときは、ふんわりとラップをし、追加で30秒ずつレンジにかけてまぜ、しっかり固まるまで加熱する。

冷ます

8 バットに移し、ぴっちりとラップをして冷ます。

ホットケーキ

材料(3枚分)

ホットケーキミックス
　　　……………1袋(150g)
卵……………………1個
牛乳………½カップ(100㎖)
サラダ油……………少々
バター…………好みの量
メープルシロップ
　　　……………好みの量

メープルシロップ

使う道具

- 計量カップ
- ボウル
- 泡立て器
- フライパン
- フライ返し
- お玉
- 竹ぐし
- ペーパータオル

メモ ホットケーキミックス

小麦粉に、ふくらむためのベーキングパウダーなどをまぜたものです。ふるわずに、そのまま使えます。

つくり方

生地をつくる

1 ボウルに卵、牛乳を入れて泡立て器でまぜる。

2 ホットケーキミックスを一気に加える。

3 泡立て器でまぜる。

焼く

4 なめらかになったら生地のでき上がり。

5 フライパンにサラダ油を入れ、ペーパータオルで全体にごく薄くぬる。中火にかけて30〜40秒温める。

⅓量はお玉で1杯弱くらい

6 弱火にし、生地の⅓量をフライパンから10㎝くらいの高さから流し入れる。

お玉でまるく広げる。

ふたをして焼く。

表面にプツプツと小さな穴が出てくるまで焼く（2〜3分）。

下の面の焼き色を見て、きれいな茶色になっていたら裏返す。再びふたをして、さらに焼く（2〜3分）。

竹ぐしを中心に刺してみて、生っぽい生地がついてこなければ焼き上がり。器に盛る。同様に3枚焼き、バターをのせてメープルシロップをかける。

温かいうちに食べてね

ホットプレートで焼いてもOK。お友だちが集まったらクレープパーティーはいかが

チョコバナナクレープ

Chocolate banana crepe

生地は材料をまぜるだけで、バターで香りよ〜く焼き上げます。ホイップクリーム、バナナ、チョコを包めば、まるでお店の味！ チョコは袋のまま溶かしちゃいます。

材料（直径24㎝ 約9枚分）

生地
- 薄力粉 …………… 100g
- 砂糖 ……………… 大さじ1
- 塩 ………………… 少々
- 卵 ………………… 2個
- 牛乳 ……… 1¼カップ (250㎖)
- バター …………… 20g
- バター（焼き用） …… 適量

トッピング
- ホイップクリーム（市販）
   …………………… 1本 (250g)
- バナナ …………… 2～3本
- チョコレート
   （小分け包装タイプ）… 3～6個

使う道具
- 計量スプーン
- 計量カップ
- はかり
- 包丁
- まな板
- ボウル
- 泡立て器
- フライパン
- フライ返し
- お玉
- キッチンばさみ
- 菜ばし
- ラップ
- ペーパータオル

下準備
- 卵はといておく。
- 小さな耐熱ボウルに生地のバターを入れ、ラップなしで電子レンジ（600W）に20～40秒かけてとかしておく。

メモ ホイップクリーム
泡立て済みのクリームで、ボトルなどに入っていてすぐにしぼり出して使えます。生クリームを自分で泡立てても（12ページを見て）。

つくり方

牛乳を温める

1

耐熱ボウルに牛乳を入れ、ふんわりとラップをして電子レンジに40秒～1分20秒かけて人肌くらい（約35℃）に温める。

💬 ちょっとぬるいお風呂くらいね

生地をつくる

2

ボウルに薄力粉、砂糖、塩を入れ、泡立て器でグルグルとまぜる。中央を少しくぼませる。

3

まぜやすいように、といた卵を2回に分けて加える。

4

泡立て器でグルグルと力強くまぜる。残りの卵も加えて、同じようにまぜる。

次のページへ

チョコバナナクレープ

生地をつくる

5 粉っぽさがなくなり、なめらかになったら❶の牛乳を加える。

6 泡立て器で力強くグルグルと、なめらかになるまでまぜる。

7 とかしバターも加える。（バターが冷えていたら電子レンジで温める）

8 バターの黄色い筋がなくなるまでよくまぜる。

30分おく

9 ボウルにラップをして、室温に30分おく。

> 30分おくことで、生地がなじんで焼き上がりがなめらかに

焼く

10 フライパン（直径24cm）を中火で熱し、1cm角くらいのバターを入れてペーパータオルで全体にぬり広げる。
※やけど

11 フライパンが熱くなったら火を少し弱め（弱めの中火）、お玉で半分くらいの生地を流し入れる。

12 フライパンをまわすように傾け、生地を薄く全体に広げる。

13 クレープの端が色づいて、表面全体がかわいてきたら端からフライ返しを入れてひっくり返す。

トッピングをする

14 20秒ほどさっと焼いて、皿にとり出す。

15 同じようにして生地をすべて焼いて重ね、冷ます。

16 バナナは斜めに薄く切る。

17 チョコレートは袋に入れたまま、ぬるま湯につけてとかす。

> 袋のまましぼって

18 クレープにホイップクリームをしぼり出し、バナナをのせる。チョコレートの袋の水気をふき、袋の端を少し切ってしぼり出す。

19 クレープを半分に折ってかぶせる。

20 さらに両側を折って包む。

> カスタードクリーム（20ページを見てね）でもおいしい！

クレープアレンジ

ブルーベリー

クレープにホイップクリームをしぼり、ブルーベリージャムをのせて包む。

いちご&キャラメルシロップ

クレープにホイップクリームをのせ、半分に切ったいちごをのせ、キャラメルシロップをかけて包む。

材料（4人分）

生地
- 卵 ………………… 2個
- 砂糖 ……………… 50g
- 牛乳 ……………… 1カップ（200㎖）
- バニラエッセンス（あれば）
  ………………… 1滴
- 型にぬるサラダ油 … 少々
- メープルシロップ … 好みの量

バニラエッセンス

メープルシロップ

使う道具
- 計量カップ
- はかり
- ボウル
- 泡立て器
- フライパン
- お玉
- 茶こし
- ふきん
- アルミホイル
- ラップ

下準備
- 型の内側に油を薄くぬっておく。
- 湯をわかしておく。

> **メモ　型はこれ！**
> 直径7㎝、高さ4㎝の器を使用。ここでは生地が見えるように、厚手の耐熱ガラスの器を使いましたが、同じくらいの大きさの厚手の茶わんや湯のみ、ココットがつくりやすくておすすめです。
>
>

＊耐熱ガラスでも薄いものは、ザラザラの仕上がりになりやすいので気をつけて。

つくり方

泡立てないよう注意して

牛乳を温める

1

耐熱ボウルに牛乳を入れ、ふんわりとラップをして電子レンジ（600W）に1分20秒かけて人肌くらい（約35℃）に温める。

生地をつくる

2

別のボウルに卵を割り入れ、砂糖を加えて泡立て器でグルグルとまぜる。

3

バニラエッセンスを加え、❶を静かに加える。

次のページへ

カスタードプリン

生地をつくる

4 泡立て器でなめらかになるまで静かにまぜる。

5 茶こしを通して、別のボウルにこす。

> 口当たりがなめらかになるよ

型に入れる

6 準備した型の七分目くらいまで入れる。

7 13×13cmくらいに切ったアルミホイルをかぶせてふたをする。

蒸す

8 深めのフライパンにふきんを敷いて、**7**を並べる。

> 蒸し器なら、弱火で10〜12分蒸して

9 あいているところから湯を2cmくらいの深さまで入れる。

（やけど）

10 ふたをしてごく弱火で蒸す（15〜20分）。

でき上がりのチェックは

器によって蒸し時間が違うので、やけどに気をつけ、12分くらいたったところでアルミホイルをはずして確認して。中心が生っぽくなければでき上がり。生っぽいときは、もう少し蒸します。

11 火を消し、ふたをしたまま10分ほどおいて蒸らしてとり出す。粗熱がとれたら冷蔵庫でしっかり冷やす。食べるときにメープルシロップをかける。

飾りつけアレンジ

プリンの上にキャラメルシロップをかけ、ホイップクリームをしぼり出し、チェリーをのせれば、プリンアラモード風に。

PART 2
アイスから本格チーズケーキまで
冷たいおやつ

みんなが大好きなアイスはジュースやヨーグルトを固めるだけ、
ゼリーもジュースにゼラチンをまぜるだけ。
どれも簡単で、ちょっとおやつにおすすめ！
チーズケーキもまぜるだけだから手軽につくれるけど、
仕上がりは本格的よ。

クリーミーヨーグルト
Creamy Yogurt

ヨーグルトの水分をぬくと、濃厚なクリームに。
ドライフルーツ、はちみつでおいしいデザートのでき上がり。

生のフルーツを切ってのせても

材料（2人分）

無糖プレーンヨーグルト ……… 300㎖
ドライフルーツミックス（市販）
……………………………… 好みの量
はちみつ（またはメープルシロップ）
……………………………… 好みの量

使う道具

- はかり
- ざる
- ボウル
- スプーン
- ペーパータオル
- ラップ

つくり方

ヨーグルトの水きりをする

1

小さめのざるとボウルを重ねる。ざるにペーパータオルを敷き、ヨーグルトを入れる。

2

ラップをかけて、冷蔵庫に2時間ほどおいて水きりをする。

盛る

3

❷をスプーンで器に盛り、ドライフルーツをのせて、はちみつをかける。

サンデー
Sunday

サンデーはアイスクリームにいろいろトッピングしたものだよ。アイスはチョコのかわりに抹茶やいちごでも。

材料（2人分）

ロールケーキ（市販）	2切れ
バナナ	½本
アイスクリーム（バニラ、チョコ）	好みの量
キャラメルシロップ	好みの量
チェリー（缶詰）	2個

使う道具

- 包丁
- まな板
- アイスクリームディッシャー（またはスプーン）

チョコソースやマンゴーソースでも

 メモ ロールケーキ

生クリームを巻いたシンプルなロールケーキを使用。

つくり方

切る

1

バナナは皮をむいて斜め切りにする。

2

ロールケーキは4等分に切り、グラスなどの器に入れる。

盛る

3

アイスクリームをディッシャーですくってのせる。バナナものせてキャラメルシロップをかけ、汁気をきったチェリーを飾る。

ゼリー3種

オレンジゼリー／ぶどうゼリー／カルピスゼリー

3types Jelly

ジュースやカルピスをゼラチンで固めたら、口当たりツルツルのゼリーのでき上がり。ジュースは好みのものでよく、サイダーなどの炭酸入りでもつくれるよ。

ホイップクリームを
しぼってもおいしい

オレンジ（ぶどう）ゼリー

材料（グラス3個分）

オレンジジュース（果汁100%）
　……… ¾カップ（150㎖）
　（またはぶどうジュース果汁100%）
水 ……… ½カップ（100㎖）
砂糖 ……… 30g
A ┌ 熱湯 ……… ¼カップ（50㎖）
　└ 粉ゼラチン ……… 1袋（5g）

使う道具
- 計量カップ
- はかり
- ボウル
- お玉
- スプーン
- ラップ

メモ　固める器はなんでもOK

ここでは直径7㎝、高さ7㎝のグラスを使っています。同じくらいの大きさのグラスやカップなど家にあるものでつくって。

つくり方

1 ゼラチンをとかす

Aの熱湯にゼラチンをふり入れ、スプーンでよくまぜてとかす。

2 ジュースとまぜる

ボウルにジュース、水、砂糖を入れてまぜ、砂糖をしっかりとかし、❶を加える。

3

よくまぜる。

4 固める

器に流し入れ、器にラップをかぶせ、冷蔵庫で冷やしかためる（2時間ほど）。

カルピスゼリー

材料（グラス3個分）

カルピス（5倍濃縮）
　……… ½カップ（100㎖）
　（原液のまま使用）
水 ……… ¾カップ（150㎖）
A ┌ 熱湯 ……… ¼カップ（50㎖）
　└ 粉ゼラチン ……… 1袋（5g）

使う道具
- 計量カップ
- はかり
- ボウル
- お玉
- スプーン
- ラップ

つくり方

❶ Aの熱湯にゼラチンをふり入れ、よくまぜてとかす。

❷ ボウルにカルピス、水を入れてしっかりまぜ、❶を加えてよくまぜる。

❸ 器に流し入れ、器にラップをかぶせ、冷蔵庫で冷やし固める（2時間ほど）。

マンゴーアイス
Mango ice

マンゴージュースを製氷皿でかわいいひと口サイズに凍らせて。ジュースは好きなものでOK。

> ようじは2本一組で！

材料（製氷皿1枚分）

- マンゴーミックスジュース（果汁100％）……適量
- パイナップル（缶詰）……輪切り1〜2枚

使う道具

- 包丁
- まな板
- 計量カップ
- 製氷皿
- ようじ
- マスキングテープ
- アルミホイル

下準備

- ようじを2本一組にして、マスキングテープでとめておく。

つくり方

パイナップルを入れる　固める

1 パイナップルは1〜1.5cm大に切り、製氷皿に1切れずつ入れる。

2 ❶にマンゴーミックスジュースを静かに注ぎ入れる。

3 アルミホイルをぴったりとかぶせる。

4 アルミホイルの上から、パイナップルにさすようにしてようじをさす。冷凍庫で凍らせる（2時間以上）。

＊アイスを出すときはアルミホイルをはずし、製氷皿を軽くひねって。

フローズンヨーグルト
Frozen yogurt

カップ入りの甘いヨーグルトを冷凍庫で固めるだけ。
ブルーベリー、いちご……好みの味でつくって。

材料（1個分）

加糖ヨーグルト
（カップ入り、好みのもの）……1個

つくり方

固める

1

ヨーグルトカップのふたの上からアイス用棒をさす。冷凍庫で凍らせる（2時間以上）。

＊アイスを出すときはふたをはずし、棒を持って容器を軽くひねって。

メモ アイス用棒

キャンディ棒とも呼ばれ、100円ショップなどで手に入ります。

製氷皿で凍らせても

ミニレアチーズケーキ

Mini-rare cheesecake

市販のタルトカップに、クリームチーズなどでつくった生地を流すだけ。手軽なチーズケーキでも、味は本格的。甘酸っぱくて、さわやかです。

ブルーベリーやミントをのせておしゃれにしても

材料（直径5cm9個分）

- ミニタルトカップ（市販）……… 9個
- A ┌ 水 ……………………… 大さじ1
　　└ 粉ゼラチン ……… ½袋（2〜3g）
- クリームチーズ …………………… 60g
- 砂糖 ………………………………… 20g
- レモン汁 ………………………… 大さじ½
- 無糖プレーンヨーグルト … 大さじ1½
- 生クリーム ……………………… 大さじ3

クリームチーズ

使う道具

- 計量スプーン
- はかり
- ボウル
- ゴムべら
- 泡立て器
- 小さなスプーン
- 保存容器

メモ タルトカップ

タルト生地を、直径約5cmのカップ状に焼き上げたもの。スーパーの製菓用品売り場などで手に入ります。

つくり方

ゼラチンをとかす

1
耐熱ボウルにAの水を入れ、ゼラチンをふり入れて5分おく。ラップなしで電子レンジ（600W）に10〜20秒かけてとかす。

チーズ生地をつくる

2
ボウルにクリームチーズを入れ、ゴムべらでやわらかくなるまで練る。

3
砂糖を加えて、泡立て器にかえてよくまぜる。

4
レモン汁、ヨーグルト、生クリームの順に加えてしっかりとまぜる。

5
❶も加えて、なめらかになるまでまぜる。

仕上げる

6
❺を小さなスプーンですくってタルトカップに流し入れる。

7 トントン
タルトカップに入れたら、5〜6cmの高さから1〜2回台に落として生地の中の空気をぬく。

冷やす

8
保存容器に並べ、ふたをして冷蔵庫で冷やす（1時間以上）。

39

チーズケーキアレンジ

大きな チーズケーキ
Big cheesecake

白×黒の、大人っぽいでき上がり

チーズ生地のつくり方は、「ミニレアチーズケーキ」と同じ。大きな型でつくれば、こんな豪華な仕上がりに。下にはほろにがいオレオクッキーを砕いて敷きました。

材料（直径15㎝1個分）

底の生地
- オレオクッキー……9枚
- バター……20g

A
- 水……大さじ3
- 粉ゼラチン……7g

- クリームチーズ……200g
- 砂糖……60g
- 生クリーム……½カップ（100㎖）
- 無糖プレーンヨーグルト……¼カップ（50㎖）
- レモン汁……大さじ1½
- 型にぬるサラダ油……少々
- ミント……少々

使う道具
- 計量スプーン
- 計量カップ
- はかり
- ボウル
- ゴムべら
- 泡立て器
- めん棒
- オーブンシート
- 厚手のポリ袋
- ラップ

型はこれ
丸型
直径15㎝の丸型で、底がぬけるタイプです。

下準備
- 型に薄くサラダ油をぬり、底のサイズに合わせて切ったオーブンシートを敷いておく。
- 小さな耐熱ボウルにバターを入れ、ラップなしで電子レンジ（600W）に20～40秒かけてとかす。

つくり方

底の生地をつくる

1 厚手のポリ袋を2重にしてクッキーを入れ、めん棒でたたいて細かく砕く。

2 とかしたバターを加えて、袋の上からもんでまぜ合わせる。

3 型に入れ、ラップをかぶせて押しつけながら平らにならす。ラップをぴったりとして冷蔵庫で冷やし固める。

4 チーズ生地をつくる
「ミニレアチーズケーキ」のつくり方❶～❺（39ページを見てね）と同じようにしてチーズ生地をつくる。

5 冷やす
準備した型にチーズ生地を流し入れ、平らにならす。ラップをかけて冷蔵庫で冷やす（半日以上）。

6 型から出す
型のまわりを手で温めて軽くとかしてから、底を押し上げるようにしてゆっくりとぬく。器に盛り、ミントをそえる。

> コラム 3

お菓子づくりの小さなコツ

お菓子をつくるときに知っていると、よりスムーズに、失敗なくできるコツを集めました。おいしくつくるために、参考にしてね。

泡立て器の持ち方

基本の持ち方

力を入れてまぜるとき
グルグル

クリームを泡立てたり、粉をまぜたりするときは、泡立て器の柄を上から軽く持ちます。できるだけ根元のほうを持つと全体に力が入ってうまくまぜられるよ。左手でボウルをしっかり押さえてね。

卵をしっかりまぜたり、クリームチーズに砂糖などをまぜるときなど、力が必要！と思ったら、泡立て器は立てて持ちます。柄の根元を持って、手首を使ってグルグルとまわして。

ボウルの下にはぬれぶきんを

ボウルの中で泡立て器やゴムべらでまぜるときは、ボウルが安定しないとまぜにくいね。ボウルの下に、ぬらしてしっかりしぼったふきんを敷いておくと、グラグラしないから作業がしやすいよ。

チョコは"湯せん"でとかす

チョコレートは直接火にかけてとかすと、温度が高くなって味が悪くなります。ボウルの底に湯（50℃くらい）をあててとかします。これを"湯せん"といいます。ゴムべらでまぜながらゆっくりとかします。チョコレートに湯が入らないように気をつけて。ボウルは持ち手つきが便利。

湯が入らないように注意して

焼き上がりは必ずチェック

生焼けだったらがっかりなので、焼き菓子は竹ぐしをさして焼き上がりをチェック！竹ぐしに生っぽい生地がついてこなければ焼き上がり。まだだったら様子を見ながらもう少し焼いてね。

レンジのラップはふんわりと

電子レンジにかけてとかしたり、温めたりするときはラップをかけます。ラップをぴったりとかぶせちゃうと、途中で張りついてしまうので、写真のようにふんわり、ゆる～くでOK。

PART 3

お店やさんの味を簡単にアレンジ
和風のおやつ

大福やあんみつなど、和風のおやつはちょっと難しいのでは？
と思われがちだけど、材料もスーパーで買えるし、やってみると意外に簡単。
白玉粉をこねたりまるめたり、
プルプルに固まった寒天をとり出したりと作業も楽しいよ！

包みいちご大福
Strawberry daihuku

お店の大福のようにもちであんといちご全体を包むのはちょっとコツが必要。なので、もちにあんといちごをのせてギュッとまとめただけでもOK。できたてを食べて。

いちごのかわりに栗の甘露煮をのせても

材料（5個分）

切りもち（市販）……4個
水……………………大さじ1
砂糖…………………大さじ1
つぶあん（かため）
　………………………150g
いちご………………5個
片栗粉………………適量

＊つぶあんがやわらかい場合は、49ページのメモを見てね。

つぶあん

使う道具

・計量スプーン
・はかり
・ナイフ
・ボウル
・バット
・ゴムべら
・ラップ

メモ　切りもち

パック入りの切りもちをとかして使います。

下準備

・いちごは洗い、へたを除いてふく。
・あんこは5等分にしてまるめておく。
・バットに片栗粉をふっておく。

つくり方

電子レンジにかける

1

もちは水にくぐらせ、ボウルに入れる。水を加え、ラップをして電子レンジ（600W）にかける（2分～2分20秒）。

もちを練る

2
やけど

とり出して、ゴムべらでしっかりとまぜる。なめらかになったら砂糖を加えて力いっぱい練る。

仕上げる

3

準備したバットに❷をとり出し、細長くのばす。

4

片栗粉をつけたナイフで5等分に切る。

5

さわれるくらいの熱さになったら、手に片栗粉をつけて表面がきれいになるようまるめる。

6

手で押して平らにつぶす。

7

あんこをのせて半分ほど包み、いちごをのせてギュッと押さえる

アレンジ

いちご大福

あんでいちごを包む。❻のもち生地にのせ、もち生地をひっぱるようにしながら包み、最後は指でとじて、まるく整える。

黒みつをかけたり、アイスをのせても

白玉あずき
Shiratama azuki

白玉のだんごは、もちもちとした口当たりがたまらないおいしさ。つくり方も水を加えてこねてゆでるだけと、とっても簡単。まずはシンプルにゆであずきをそえて食べて。

材料（つくりやすい分量・白玉25個分）

白玉粉	100g
水	½カップくらい（90〜100mℓ）
ゆであずき	好みの量
きなこ	好みの量

 ゆであずき　 きなこ

使う道具
- 計量カップ
- はかり
- ボウル
- 鍋
- ざる
- 網じゃくし（またはお玉）

メモ　白玉粉
もち米からつくる粉で、少しずつ水を加えてこねて使います。

下準備
・ボウルにざるを重ね、冷水を入れておく。

つくり方

白玉生地をつくる

💬 耳たぶくらいのかたさまでこねて

1 ボウルに白玉粉を入れ、水を数回に分けて加える。

2 水を加えたら、手で練りまぜる。

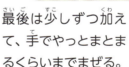
3 最後は少しずつ加えて、手でやっとまとまるくらいまでまぜる。

4 生地を2cm大にちぎってまるめ、指で中心を少しつぶして平たくする。

ゆでる

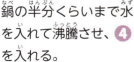
5 鍋の半分くらいまで水を入れて沸騰させ、**4**を入れる。（やけど注意）

6 沈んでいた白玉が浮いてきて、さらに1分くらいしっかりゆでる（全部で2分ほど）。

7 白玉を網じゃくしですくい、冷水にとって冷ます。水を1〜2回かえて、しっかり冷えたら水気をきって器に盛り、ゆであずきをのせ、きなこをかける。

47

材料（直径7〜8cm4個分）

生地
- ホットケーキミックス …………… 100g
- 卵 …………………………… 1個
- 牛乳 ……… 大さじ4（60mℓ）
- はちみつ ………………… 10g
- 塩 ……………………………… 少々
- サラダ油 …………………… 少々
- つぶあん（かため）…… 好みの量
- バター ………………… 好みの量

ホットケーキミックス

使う道具
- 計量カップ
- 計量スプーン
- はかり
- ボウル
- 泡立て器
- フライパン
- フライ返し
- バット
- ペーパータオル

メモ つぶあん

つぶあんはかためのものがおすすめ。やわらかいものは、鍋に入れて軽く煮つめて水分を飛ばし、冷ましてから使いましょう。

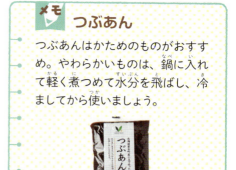

下準備
・バターは5mm厚さ、2〜3cm角に切る。

つくり方
生地をつくる

1 ボウルに卵、牛乳、はちみつ、塩を入れて泡立て器でまぜる。

2 ホットケーキミックスを一気に加える。

3 泡立て器でなめらかになるまでまぜる。

次のページへ

ミニどら焼き

焼く

4 フライパン（直径27cm）にサラダ油を入れ、ペーパータオルで全体にごく薄くぬる。中火にかけて30〜40秒温める。

5 弱火にし、生地大さじ1½くらいを10cmくらいの高さから流し入れる。

6 4枚分を流し入れたら、ふたをして焼く。

7 表面にプツプツと小さな穴が出てくるまで焼く（2〜3分）。

はさむ

8 下の面の焼き色を見て、きれいな茶色になっていたら裏返す。再びふたをして、さらに焼き（2〜3分）、バットやまな板にとり出して冷ます。同じようにして残り4枚も焼く。

9 2枚一組にして、つぶあん→バター→つぶあんの順にのせてはさむ。

アレンジ

カスタードミニどら焼き
カスタードクリーム（20ページを見て）をつくり、どら焼きを2枚一組にしてはさむ。

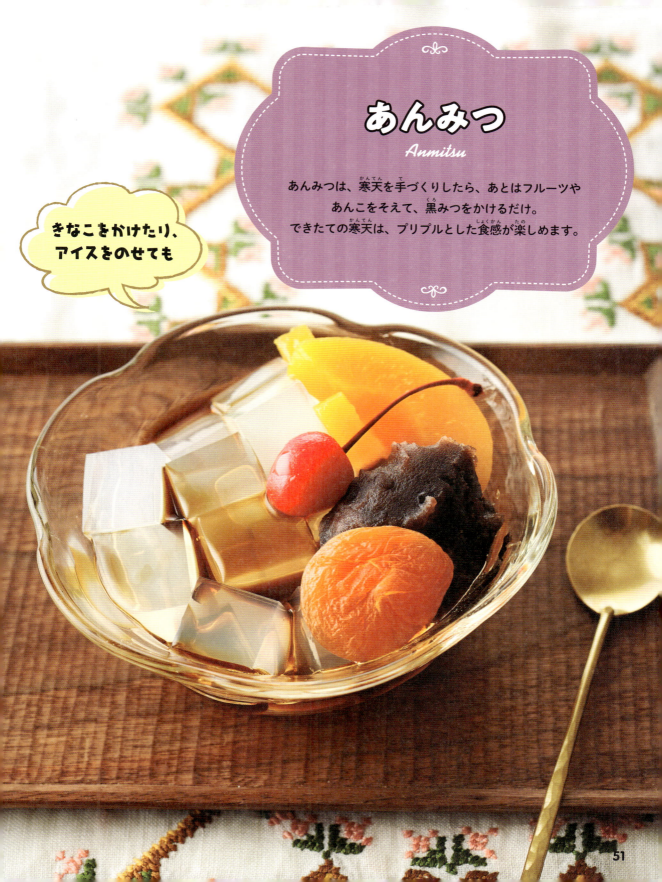

あんみつ
Anmitsu

あんみつは、寒天を手づくりしたら、あとはフルーツやあんこをそえて、黒みつをかけるだけ。
できたての寒天は、プリプルとした食感が楽しめます。

きなこをかけたり、アイスをのせても

あんみつ

材料（5〜6人分）

寒天
- 粉寒天……………1袋（4g）
- 水……2 1/2 カップ（500ml）

黄桃（缶詰 半割り）………3個
ドライあんず………5〜6個
つぶあん（かため）
　………………好みの量
チェリー（缶詰）…好みの量
黒みつ……………好みの量

つぶあん

黒みつ

使う道具
- 計量カップ
- 鍋
- ゴムべら（シリコン製）
- お玉
- 包丁
- まな板
- ラップ

型はこれ

20×14cmのバットを使用。または保存容器やお弁当箱でも。

メモ　粉寒天

寒天を粉状にしたもので、煮とかして使います。粉寒天は4g入りが多いのでつくりやすい分量にしていますが、半量でもつくれます。

つくり方

黄桃を切る

1
黄桃は食べやすい大きさに切る。（けが）

寒天をつくる

2
鍋に分量の水と粉寒天を入れてまぜ、中火にかける。（やけど）

3
沸騰したらふきこぼれないよう火を少し弱め、まぜながら煮る（2分ほど）。

4
バットに流し入れる。そのままおいて冷めて固まったら、ラップをして冷蔵庫で冷やす。

寒天を切る

5
寒天の周囲に包丁を入れ、下に空気を入れてまな板にとり出す。

6
1〜2cm角のサイコロ状に切る。

盛る

7
器に寒天を入れ、黄桃、ドライあんず、つぶあん、チェリーをのせ、黒みつをかける。

缶詰の黄桃や
パイナップルでも

みかんミルク寒天
Mikan milk kanten

牛乳を加えた寒天に、みかんを入れて固めました。缶詰の甘い、みかんがぴったりです。牛乳が冷たいとうまく固まらないので、軽く温めて加えて。

みかんミルク寒天

材料（17×14cm流し缶1個分）

ミルク寒天
- 粉寒天 ……………… 1袋（4g）
- 水 …………………… ¾カップ（150㎖）
- 砂糖 ………………… 60g
- 牛乳 ………………… 1¾カップ（350㎖）

みかん（缶詰）…… 1缶（正味230g）

粉寒天

使う道具

- 計量カップ
- はかり
- 鍋
- ゴムべら（シリコン製）
- お玉
- ボウル
- 包丁
- まな板
- ラップ

型はこれ

17×14cmのステンレス製の流し缶。とり出しやすいように中受けがセットされています。バットやお弁当箱でも。

下準備

- 牛乳は耐熱ボウルに入れ、電子レンジ（600W）に1分ほどかけて軽く温める。

つくり方

みかんを並べる

1
みかんは汁気をきって流し缶に並べる

ミルク寒天をつくる

2
（やけど）
鍋に分量の水と粉寒天を入れてまぜ、中火にかける。

3
沸騰したらふきこぼれないよう火を少し弱め、まぜながら煮る（2分ほど）。

4
牛乳は温めて加えて
砂糖を加えてまぜてとかし、温めた牛乳を数回に分けて加え、よくまぜる。

5
❶の流し缶に静かに流し入れる。そのままおいて冷ます。

6
固まったら、ラップをして冷蔵庫で冷やす。中受けを引き上げて、流し缶からとり出す。

切る

7
（けが）
食べやすい大きさに切る。

バットやお弁当箱の場合

寒天の端に竹ぐしをさし入れて空気を入れてから、まな板の上に逆さまにしてとり出します。

PART 4
こんがり味とチョコ味を楽しんで！
焼き菓子とプレゼント菓子

こんがり焼いたお菓子やチョコレートのお菓子は、ひと手間かけても
つくりたい特別なおいしさがあります。お菓子づくりに慣れてきたら
チャレンジしてみて。日持ちするものが多いので、
お友だちへのプレゼントにもぴったりよ。

アイスをのせて
食べてもおいしい。
冷凍のベリーや
缶詰フルーツでも

ブルーベリー クラフティ

Blueberry clafoutis

クラフティは、プリン風の卵生地にフルーツを入れて焼いたもの。生地を薄めにすればオーブントースターで焼けます。粉砂糖をふるとおしゃれなデザートに。

材料（16×11cmグラタン皿2個分）

生地
- 卵 2個
- 砂糖 大さじ2½
- 生クリーム 80ml
- 牛乳 大さじ2
- メープルシロップ（あれば）
  .... 小さじ1
- ブルーベリー（冷凍） 60g
- 粉砂糖 .... 好みの量
- グラタン皿にぬるサラダ油
  .... 少々

メープルシロップ

使う道具
- 計量スプーン
- 計量カップ
- はかり
- ボウル
- 泡立て器
- お玉
- ペーパータオル
- 茶こし
- ミトン

型はこれ

16×11cm、高さ4cmのグラタン皿を使用。浅めの耐熱の器を使って。

つくり方

型に油をぬる
1
グラタン皿の内側にサラダ油をペーパータオルで薄くぬる。

生地をつくる
2
ボウルに卵を割り入れて、泡立て器でほぐす。

3
砂糖、生クリーム、牛乳の順に加える。加えるたびに、なめらかになるまでまぜる。

4
最後にメープルシロップを加えて、よくまぜる。

ブルーベリークラフティ

生地を流す

5

グラタン皿に生地を2cm深さまで注ぐ。

💬 生地は器の2cmまでね

6

ブルーベリーは凍ったまま散らす。

焼く

7

やけど

オーブントースターは2〜3分予熱し、**6**を入れて焼く（15〜20分）。端に焼き色がつき、中心に生っぽい生地がなくなればOK。ミトンをつけてとり出し、粉砂糖をふる。

＊温度調節機能があれば180〜200℃に設定して。オーブンで焼くなら同じ温度で焼く。

焼きたての温かいうちがおいしい。みんなですくって食べよう！

まんまるスイートポテト

材料（4個分）

さつまいも ……… 1本（皮つきで約300g）
バター ……………………………… 5g
砂糖 ………………………………… 35g
卵黄 ………………………………… 1個分
牛乳 ………………………………… 小さじ1

さつまいも

使う道具

- 計量スプーン
- はかり
- 包丁
- まな板
- バット
- ボウル
- ゴムべら
- 鍋
- ざる
- フォーク
- スプーン
- 菜ばし
- 竹ぐし
- 金あみ
- ミトン
- 保存容器

型はこれ

直径7cm、高さ2.5cmのアルミカップで、スイートポテトを入れても形が崩れないかためのもの。スーパーや100円ショップの製菓材料コーナーで手に入ります。

つくり方

さつまいもを切る

1

さつまいもは皮つきのままよく洗い、1cm厚さの輪切りにする。

2

ボウルにさつまいもを入れ、水をたっぷり注いでそのままおく（3分ほど）。水気をきって鍋に入れ、かぶるくらいの水を加える。

さつまいもをゆでる

3

中火にかけ、沸騰したら弱めの中火にし、やわらかくなるまでゆでる。竹ぐしをさしてみてスッとさされば OK。

4

熱いうちにざるに上げて水気をよくきり、菜ばしで皮を除く。

> ペーパータオルを2〜3枚重ねて持って皮をむいても

生地をつくる

5 ボウルに入れてフォークなどでつぶす。

なめらかにつぶして

6 ゴムべらでなめらかにつぶし、温かいうちにバターを加える。

7 砂糖も加えてよくまぜる。

8 卵黄の半分をすくって加え、よくまぜたら鍋に入れる。

残りの卵黄はあとで使うよ

生地を練る

9 弱火にかけて、こがさないように練りながら加熱して（1～2分）、ぽってりしたら火を消す。

冷ます

10 バットなどに移して、手でさわれるくらいになるまで冷ます。

形をつくる

11 手に少量の水をつけて、4等分してまるめてアルミカップに入れる。

オーブントースターは予熱する（2～3分）。

12 残りの卵黄と牛乳をまぜ、⑪の表面に手でぬる。

焼く

13 **やけど**

オーブントースターに⑫を入れて、表面の卵黄がかわき、少し焼き色がつくまで焼く（5～7分）。ミトンをつけて金あみにとり出し、粗熱をとって保存容器に入れて冷蔵庫で冷やす。

* 200℃のオーブンで、焼き色がつくまで焼いてもよい。

sweet!

61

バナナケーキ
Banana cake

ふんわり、しっとりの食感が楽しいケーキです。
バナナを生地にもまぜ、上にも並べて、
バナナたっぷりでいい香り。
好みの大きさに切って食べてね。

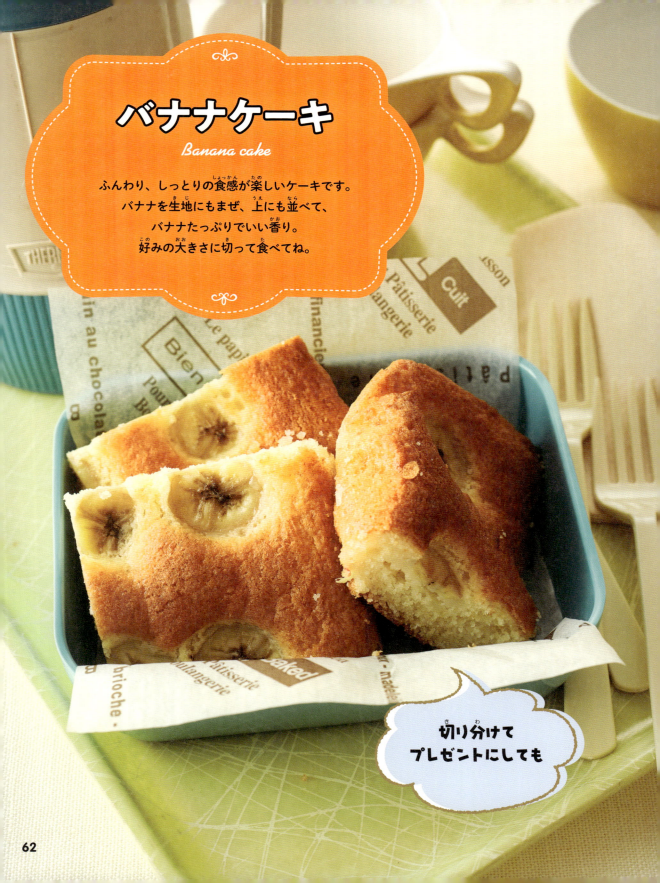

切り分けて
プレゼントにしても

材料（20×14cm 1個分）

- バナナ ……………… 小2本
- レモン汁 …………… 大さじ1
- **生地**
  - 薄力粉 …………… 130g
  - ベーキングパウダー
    ………………… 小さじ2
  - バター …………… 100g
  - 砂糖 ……………… 90g
  - 卵 ………………… 1個
  - 牛乳 ……………… 大さじ2

バナナ

使う道具

- 計量スプーン
- はかり
- 包丁
- まな板
- ボウル
- 泡立て器
- ゴムべら
- 竹ぐし
- ポリ袋
- アルミホイル（こげないタイプ）
- 金あみ
- ミトン

型はこれ

20×14cmの耐熱の器に、こげないタイプのアルミホイルを敷きます。耐熱の器がない場合は、箱やバットに大きめに切ったアルミホイルを2～3重に敷いて箱状にし、そっととり出して型にしても。端からもれないよう、しっかりと折りたたんで。

下準備

・バターは室温に出して、少しやわらかくしておく。卵も室温に出しておく。

つくり方

1 粉類をふるう

ポリ袋に薄力粉、ベーキングパウダーを入れて、口をとじてふって合わせる。

2 バナナを切る

バナナは皮をむいて1cm幅に切り、1本分にレモン汁をまぜる。残りは飾りにとっておく。

3 生地をつくる

ボウルにバターを入れてゴムべらでなめらかになるまでまぜる。

次のページへ

バナナケーキ

生地をつくる

4 砂糖を加えて、泡立て器でよくまぜる。

5 卵を加えて、泡立て器でよくまぜる。牛乳も加えてまぜる。

オーブンを170℃に予熱する。

6 レモン汁をまぜたバナナを加え、ゴムべらでよくまぜる

7 ❶の粉類を加えて、ゴムべらでサクサクと、練らないようにまぜる。生地が均一になってなめらかになればOK。

型に流す

8 型に流し入れ、表面を平らにする。上に残した飾りのバナナを並べる。

焼く
ミトンをつけてとり出して

9 170℃のオーブンで焼く（30〜35分）。竹ぐしをさして生っぽい生地がついてこなければOK。アルミホイルごと金あみの上で冷ます。
やけど

切る

10 冷めたら、食べやすい大きさに切り分ける。
けが

切りにくいけど、温かいうちにざっくりと切って食べてもおいしいよ

デコマフィン
Decorated muffin

ホットケーキミックスに、バターや卵もまぜてリッチな味わいに。プレーンな生地で焼き、チョコペンやマシュマロ、トッピングシュガーなどで楽しく飾って。

トッピングシュガーを散らすだけでもかわいい

デコマフィン

材料（6個分）

バター ……………… 70g
砂糖 ………………… 50g
卵 …………………… 2個
牛乳 ……………… 大さじ3
ホットケーキミックス
　　　　……… 1袋（150g）

使う道具

- 計量スプーン
- はかり
- ボウル
- 泡立て器
- ゴムべら
- 竹ぐし
- スプーン
- 金あみ
- ミトン

型はこれ

直径7cm、高さ4.5cmのマフィンカップ。

下準備

・バターは室温に出して、少しやわらかくしておく。

つくり方
生地をつくる

1
ボウルにバターを入れてゴムべらで練る。

2
やわらかくなったら泡立て器でよくまぜる。

3
砂糖を加え、泡立て器でよくまぜる。

4
卵を加え、泡立て器でよくまぜる。

5
牛乳を加え、よくまぜる。

6
ホットケーキミックスを一気に加える。

7
ゴムべらで練らないようにさっくりとまぜ、粉っぽさがなくなり、なめらかになったらOK。

オーブンを170℃に予熱する。

型に流し入れる
8

生地をスプーンですくい、マフィンカップの七〜八分目まで入れる。

焼く
9

170℃のオーブンで焼く（30〜35分）。竹ぐしをさしてみて、生っぽい生地がついてこなければOK。

冷ます
10

ミトンをつけてオーブンからとり出し、金あみにのせて冷ます。

デコレーションは78ページを見てね

アレンジ

ブルーベリーマフィン
マフィンと同じように生地をつくり、つくり方 **7** のあと、凍ったままの冷凍ブルーベリー50gを加えて軽くまぜる。あとのつくり方は同じ。型は直径7cm、高さ6cmのマフィンカップで4個焼ける。

材料(10個分)

- 冷凍パイシート　2枚
- 板チョコレート　1枚(約50g)
- A ┌ 卵黄　1個分
　　└ 牛乳　小さじ1

板チョコレート

使う道具

- 計量スプーン
- 包丁
- まな板
- フォーク
- はけ
- オーブンシート
- 金あみ
- ミトン

下準備

- 冷凍パイシートは冷蔵室に移し、2～3時間おいて解凍しておく。
  *急ぐときは室温で解凍しても。やわらかくなりすぎないように注意して。
- Aをまぜておく。
- 天板にオーブンシートを敷いておく。
- オーブンを200℃に予熱しておく。

つくり方

チョコを折る

1

チョコレートは手で2×3cmくらいに折る。

チョコをはさむ

2

オーブンシートをまな板にのせ、パイシートを1枚のせる。フォークで全体に穴をあける。

3

はけで、まぜたAをまんべんなくぬる。

4

チョコレートを、間隔をあけて並べる。もう1枚のパイシートをのせて、手で押さえる。

5

（けが）
チョコレートとチョコレートの間を包丁で切る。

6

天板に間隔をあけて並べる。端をフォークで押しつけて閉じ合わせる。

焼く

7

パイの上にAをぬる。200℃のオーブンで焼く(10分)。170℃に下げてさらに焼く(12～15分)。

冷ます

8

（やけど）
ミトンをつけてオーブンからとり出し、金あみにのせて冷ます。

材料（約10枚分）

板チョコレート……… 1枚（約50g）

生地
- バター……………… 60g
- 砂糖………………… 30g
- 薄力粉……………… 90g

板チョコレート

使う道具
- はかり
- 厚めのポリ袋
- スプーン
- オーブンシート
- 金あみ
- ミトン

メモ　厚めのポリ袋
ポリ袋は、まぜたり、生地をとり出したりするのに扱いやすい、厚めで大きなものを。

下準備
・天板にオーブンシートを敷いておく。

つくり方

チョコを折る

1 チョコレートは手で小さめに折って冷蔵庫で冷やしておく。

生地をつくる

オーブンを170℃に予熱する。

2 ポリ袋にバターを入れ、口はあけたまま空気をぬきながら上から手でもんでやわらかくなるまでまぜる。

3 バターがやわらかくなったら、砂糖を加える

次のページへ →

チョコチップクッキー

4 ポリ袋の上からもんで、まんべんなくまぜる。

5 薄力粉を一気に加え、チョコレートも加える。

6 ポリ袋の上からよくまぜる。手の温度でチョコレートがとけないようにもみすぎに注意。

まるめる

7 生地をスプーンですくいながら、2〜3cm大にまるめる。

8 天板に間隔をあけて並べ、厚みが1.5cmくらいになるよう軽くつぶす。

焼く

9 170℃のオーブンでこんがり色づくまで焼く（15〜17分）。ミトンをつけてとり出し、金あみにとって冷ます。

> 焼きたてはやわらかいので、扱いはていねいに。

メモ ボウルでつくる場合

ボウルにバターを入れて泡立て器でやわらかく練り、砂糖をまぜる。薄力粉とチョコレートを加えたらゴムべらでさっくりまぜ、あとは同じようにつくる。

ミニカップチョコ

材料（約直径3cm、高さ2cm 7〜10個分）

- 板チョコレート……… 2枚（約100g）
- バター ……………………… 5〜10g

トッピング
- アラザン、トッピングシュガーなど……適量
- チョコペン（好みの色）……適量

＊チョコペンの使い方は78ページを見てね。

トッピング材料

使う道具

- はかり
- 包丁
- まな板
- バット
- ボウル（小さめ。できれば持ち手つき）
- ゴムべら（シリコン製）
- 鍋
- 保存容器
- スプーン
- ピンセット

型はこれ

直径3cm、高さ2cmくらいのアルミカップ。形はお好みで。

下準備
・チョコレートは室温に出しておく。

つくり方

チョコを切る

1

チョコレートは包丁でできるだけ細く切り、ボウルに入れる。

チョコをとかす（42ページも見てね）

2

ボウルの底がつかないくらいの鍋に、湯を入れて50℃に温め、火を止める。❶のボウルをのせて、ゴムべらでまぜながらとかす。

3

チョコレートがとけたら、バターを加え、手早くまぜてとかす。

カップに流す

4

❸を鍋からおろし、アルミカップにスプーンで流し入れる。

5

カップの底を台に軽く打ちつけて表面を平らにする。

トッピングをする

6

完全に固まる前に、アラザンなどをピンセットなどでのせて飾る。保存容器に入れてふたをして、冷蔵庫で冷やす。

74

マシュマロチョコバー

材料（長さ13㎝6～7本分）

板チョコレート……4枚 (200g)
マシュマロ……6～10個 (30g)
コーンフレーク……60g

板チョコレート

コーンフレーク

使う道具

- はかり
- 包丁
- まな板
- ボウル（小さめ。できれば持ち手つき）
- 鍋
- ゴムべら
- オーブンシート
- ふきん

メモ マシュマロ

マシュマロは大きさによって6～10個準備。切りにくいときは、包丁に少量の片栗粉をつけます。また、ミニマシュマロを使えばそのままでもOK。

下準備

- チョコレートは室温に出しておく。

つくり方

42ページも見てね

1 オーブンシートを敷く

約15×12㎝のバットに、長く切ったオーブンシート（約40㎝）を敷き、底の形に合わせる（浮いてしまってもOK）。

2 マシュマロを切る

けが

マシュマロを2～4等分に切る（1㎝角くらいになればOK）。

3 チョコを切る

チョコレートは包丁でできるだけ細く切り、ボウルに入れる。

4 チョコをとかす

やけど

ボウルの底がつかないくらいの鍋に、湯を入れて50℃に温め、火を止める。❸のボウルをのせて、ゴムべらでまぜながらとかす。

具をまぜる

❹をふきんの上に置き、コーンフレークを加える。

コーンフレークにチョコレートがしっかりからむように、全体をまぜる。

マシュマロを加える

マシュマロが全体に散るようにざっくりとまぜる。

固める

❶のオーブンシートの上に❽をすべてのせる。

周囲のあまったオーブンシートを折ってかぶせて、四角く包む。

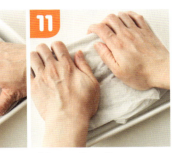
上から手で押して、チョコレートとコーンフレークがしっかりとはりつくようにする。

切る

ギュッと押して

裏返して、同じように手で押して厚さが1.5cmくらいになるように平らにならす。冷凍庫に入れて冷やし固める（15〜20分）。

固まったら、包丁でスティック状に切る。冷えすぎて切りにくいときは、室温に少しおいてから切る。

冷蔵庫でゆっくり冷やしてもOK

デコレーションでかわいさアップ！

シンプルなお菓子は、チョコペンやトッピングシュガーなどで飾ればグッとかわいくなりま〜す。プレゼントにしても素敵！

チョコペンで

{ 線を描いて }

{ 文字を書いて }

チョコペンの使い方

❶ チョコペンは40〜50℃の湯につけ、ときどき上下を入れかえてやわらかくする。

❷ チョコペンについた水気をふいてよくもみ、ペン先を指でねじり切る。

❸ チョコペンを押しながらしぼり出す。途中でかたくなったら、口から水が入らないように注意して再び湯につける。

チョコペン＋飾りで

マーブルチョコ / チョコペン

ミニマシュマロ / トッピングシュガー / チョコペン

マーブルチョコ / アラザン / チョコペン

トッピングシュガー / チョコペン / アラザン

チョコペン / アラザン

チョコペン / アラザン

チョコペン / トッピングシュガー

飾りで

アラザン / アラザン

アラザン / トッピングシュガー

トッピングシュガー / アラザン

ピンセットを使うとやりやすいよ！

＊焼き菓子は完全に冷めてから、チョコレートは完全に固まる前にトッピングします。

78

コラム5 ラッピングアイディア

焼き菓子、チョコレート菓子は日持ちがするのでプレゼントにぴったり。
プレゼントをするときはかわいくラッピングを！

> 焼き菓子は完全に冷めてから、チョコレートは完全に固まってからラッピングしてね。

デコマフィン

65ページ

マフィンをグラシン紙のカップにのせ、上にセロハンシートをかけて飾りをカバーしてからセロハンの袋（大きめ）に入れます。マスキングテープでとめ、リボンなどで飾って。

＊ほかには、まんまるスイートポテト（59ページ）、バナナケーキ（小さく切って・62ページ）、ミニチョコパイ（68ページ）などでも。

ミニカップチョコ

73ページ

プラスチックスプーンにチョコをのせ、セロハンの袋に入れます。長めに切ったリボン（60cmくらい）でしばり、残ったリボンをはさみの刃でしごいてクルクルにして、からめて形を整えます。市販のクルクルリボンを飾っても。

チョコチップクッキー

70ページ

形がくずれやすいクッキーはびんに入れると安心。びんにワックスペーパーを敷いてクッキーを入れ、ふたをして太めのリボンや紙テープを巻いて、下でとめて。

＊ほかには、ミニチョコパイ（68ページ）などでも。

マシュマロチョコバー

75ページ

セロハンシートは中身が見えるのでラッピングにおすすめ。チョコバーはセロハンシートで包み、チョコバーが見えるように、かわいい紙をクルリと巻いて、シールをはります。

＊ラッピングの材料は100円ショップなどで手に入ります。

阪下千恵 さかした・ちえ

料理研究家。栄養士。東京で料理教室の講師をするほか、料理やお弁当、お菓子の本の出版や、食育関連講習会など幅広く手がける。家庭ではふたりの娘さん（小学生と高校生）もそれぞれにお菓子作りや料理を楽しんでいる。おもな著書に『ひとりで作って、みんなで食べよ！ はじめてのごはん』『おとなのごはんと一緒に作れる 子どものお弁当』（ともに小社刊）ほか多数。

Staff

デザイン ◆ 宮代佑子（株式会社フレーズ）
撮影 ◆ 鈴木泰介
スタイリング ◆ 三谷亜利咲
料理制作アシスタント ◆ 宮田澄香
校閲 ◆ 校正舎楷の木
撮影協力 ◆ UTUWA／AWABEES
編集 ◆ 相沢ひろみ
企画・進行 ◆ 鏑木香緒里

【 読者の皆様へ 】
本書の内容に関するお問い合わせは、
お手紙または
メール（info@TG-NET.co.jp）
にて承ります。
恐縮ですが、電話でのお問い合わせは
ご遠慮ください。
『楽しく作って、おいしく食べよ！
だいすき♥おやつ』編集部

楽しく作って、おいしく食べよ！
だいすき♥おやつ

2019年9月20日 初版第1刷発行
2023年9月1日 初版第3刷発行

著　者 ● 阪下千恵
発行者 ● 廣瀬和二
発行所 ● 株式会社日東書院本社
　〒113-0033 東京都文京区本郷1-33-13　春日町ビル5F
　TEL ● 03-5931-5930（代表）　FAX ● 03-6386-3087（販売部）
　URL ● http://www.TG-NET.co.jp

印刷 ● 三共グラフィック株式会社
製本 ● 株式会社セイコーバインダリー

本書の無断複写複製（コピー）は、著作権法上での例外を除き、著作者、出版社の権利侵害となります。
乱丁・落丁はお取り替えいたします。小社販売部までご連絡ください。

©Chie Sakashita 2019,Printed in Japan
ISBN 978-4-528-02252-2 C2077